Von Jan Teichmann
Sept. 92

Carluccio's COLLECTION

FISCH & MEERESFRÜCHTE

ANTONIO & PRISCILLA CARLUCCIO

Fotos von André Martin

WILHELM HEYNE VERLAG
MÜNCHEN

Inhalt

Wenn nicht anders angegeben, sind die Rezepte für 4 Personen berechnet.

Vorwort

Die im Mittelmeer gefangenen Fische und Meeresfrüchte haben einen völlig anderen Geschmack als die aus anderen Weltmeeren. Ich nehme an, es sind die spezielle Salzkonzentration sowie andere Umweltfaktoren, und natürlich auch die Sonne, die diesen Meerestieren den charakteristischen Geschmack verleihen.

Italien hat über 3000 km Küste und viele Inseln mit wundervollen Fischgründen für Fischer, die ihren Fang täglich einbringen und damit sicherstellen, daß die Ware völlig frisch ist, wenn sie das Ufer erreicht. Ein Teil des Fangs wird üblicherweise vor Ort verwendet – der Rest wird in Kühlwaggons in Städte wie beispielsweise Mailand, Turin, Florenz oder Bologna gefahren, um dort in köstliche Fischgerichte verwandelt zu werden.

Italien hat aber auch einige der größten Seen Europas – Relikte der Eiszeit, als die Gletscher sich aus der Po-Ebene in die Alpen zurückzogen. Fische wie Hecht, Karpfen, Felchen bzw. Renke, Forelle und viele andere leben in diesen Seen. Sie werden meist in dieser Region selbst verbraucht, wo man ausgezeichnete traditionelle Fischrezepte kennt.

Die ligurische und die toskanische Küsten liefern Fische wie Seebarbe, Anchovis oder Sardellen, Schalen- und Krustentiere. Kampanien ist berühmt für Tintenfische, Seebarsch, Kraken und vor allem Venusmuscheln – *vongole* –, die Hauptzutat für *Spaghetti vongole*, eines meiner Lieblingsgerichte.

Kalabrien und Sizilien bieten die besten Anchovis ganz Italiens, aber auch große Exemplare wie Schwert- und Thunfisch. In diesen Gebieten hat sich auch eine bedeutende Industrie für Dosenfische etabliert.

An der adriatischen Küste sind Apulien und die Marken bekannt für viele Arten von Meeresfrüchten wie Austern, Venusmuscheln, Miesmuscheln, Meerdatteln, Meertrüffel und Seeigel. Das vermutlich ungewöhnlichste Stück Küste ist die Lagune von Venedig. Hier findet man die besten Tintenfische, deren Tinte man für die schwarzen Risotti braucht, zusammen mit Meerspinnen, Miesmuscheln, Garnelen, Kalmaren, Venusmuscheln, Anchovis und Seebarben. Sie ahnen sicher schon, daß Fisch einen wesentlichen Teil der venezianischen Kochkunst darstellt und die örtlichen Restaurants all diese herrlichen Spezialitäten anbieten.

Soweit ich informiert bin, ist Italien eines der wenigen Länder, in denen es gesetzlich vorgeschrieben ist, auf der Speisekarte anzugeben, ob es sich um frischen oder tiefgefrorenen Fisch handelt. Ich finde, dies trägt zu mehr Ehrlichkeit bezüglich der in der Gastronomie verwendeten Zutaten bei.

Außergewöhnlich aber ist, daß trotz des Angebots an frischem und gefrorenem Fisch (letztgenannter wird meist industriell genutzt) so viel gesalzener, getrockneter oder anders konservierter Fisch verwendet wird. Vor allem der aus Norwegen stammende Stockfisch oder Klippfisch, genannt *stoccafisso* oder *baccalà*, den schon Kolumbus und andere Entdecker als haltbare Nahrung auf ihren Reisen mit sich führten, sind sehr beliebt. Ursprünglich von den Armen gegessen, die abseits der Versorgungsrouten hausten, erlebt Stockfisch heute eine fast mondän zu nennende Wiedergeburt mit seinem charakteristischen Geschmack, der die Menschen sowohl in den Restaurants als auch zu Hause begeistert. Als Folge sind die Preise für *baccalà* beträchtlich gestiegen.

Man ißt in Italien Fisch auf viele unterschiedliche Arten: als Zutat in köstlichen Pastasaucen, in wunderbaren Fischsuppen oder Eintöpfen, fritiert in Teig oder in Öl herausgebacken, gedämpft, gegrillt, in Meersalz gebacken, in Meerwasser gekocht oder auch roh genossen – entweder in Zitronensaft und Öl mariniert oder als Carpaccio, siehe Seite 25. Eine alte Methode, Fisch zu essen, ist vor allem in Sardinien und Sizilien beliebt: man kombiniert geräucherten Thunfisch oder Schwertfisch mit Bottarga, dem gesalzenen oder luftgetrockneten Rogen von Meeräsche oder Thunfisch. Entweder aromatisiert man damit Pasta, oder man genießt sie dünn geschnitten, mit Öl und Zitronensaft beträufelt, als Vorspeise. Während diese Spezialität heute fast überall teuer verkauft wird, sitzen die alten Fischer in ihren Heimathäfen vor einer Trattoria oder Cantina, schlürfen ein Glas Weißwein und genießen dazu Bottarga-Scheiben, so wie sie es seit Jahrhunderten getan haben und wo dies als einfache Speise angesehen wird.

In diesem Buch möchte ich Ihnen zeigen, wie wir Italiener unseren Fisch essen, nämlich zumeist in unkomplizierten Rezepten voller Wohlgeschmack. Denken Sie daran: nur wenn Sie den besten, frischen Fisch verwenden, den Sie sich leisten können – wobei ein zuverlässiger Fischhändler sehr wichtig ist –, werden Sie fantastische, unvergeßliche Fischgerichte kreieren!

Fischeinkauf

Guter Fisch ist und bleibt eine große Kostbarkeit. Sie sollten daher wissen, worauf Sie beim Einkauf achten müssen. Einige Kenntnisse über die verschiedenen Fischarten und ihr Fleisch sind wichtig. Und dann müssen Sie natürlich auch das richtige Rezept kennen, um ihn optimal zuzubereiten.

Fisch muß absolut frisch sein. Erste Priorität hat also die Suche nach einem zuverlässigen Fischhändler. Ein gutes Zeichen für Frische bei ganzen Fischen sind klare Augen und leuchtend rote Kiemen. Ebenfalls wichtig ist, daß der Fisch nach Meer riecht und nicht »fischig«, weil das ein sicheres Anzeichen dafür ist, daß er alt ist und nicht mehr frisch schmeckt. Und schließlich sollte sich das Fleisch des Fisches fest anfühlen und nach kurzem Druck wieder die alte Form annehmen. Einige Fischarten, wie zum Beispiel Thunfisch und Schwertfisch, müssen jedoch »abgehangen« sein wie Wild, damit sich Geschmack und Zartheit des Fleisches entwickeln können.

Beim Kauf von Muscheln sollten Sie darauf achten, daß die Schalen sämtlicher Arten fest geschlossen sind. Wenn sie auch nur ein klein wenig offen stehen und sich beim Aufklopfen auf die Arbeitsplatte nicht schließen, heißt das, daß sie tot sind und deshalb nicht mehr verzehrt werden sollten. Krustentiere wie Krebse und Hummer sollten schwer sein und frisch riechen. Sobald sie nach Fisch riechen, sind sie nicht mehr frisch. In dem Fall also lieber nicht kaufen!

Verlassen Sie sich beim Kauf von Meeresfrüchten vor allem auf Ihr Gefühl, und haben Sie keine Hemmungen, alles zurückzuweisen, was Ihnen aufgrund seines Geruchs oder Aussehens nicht gefällt. Guter, frischer, richtig zubereiteter Fisch ist ein Genuß. Es ist daher kein Wunder, daß er schon so lange eine wichtige Rolle in der Ernährung der Mittelmeerländer spielt, und eine Bestätigung, daß seine Beliebtheit überall auf der Welt wieder steigt.

Konservierung von Anchovis

Frische Anchovis ausnehmen und von den Köpfen befreien. Dann abwechselnd mit grobem Meersalz in Gefäße schichten, beschweren und drei Monate reifen lassen. Das während dieser Zeit abgesonderte Öl in regelmäßigen Abständen abschöpfen; die Lake dabei auffüllen. Die Anchovis sind verzehrfertig, wenn sie angenehm riechen und ihr Fleisch schön rosa ist.

Danach werden sie mehrmals gespült – erst mit heißer, dann warmer Lake und schließlich mit kaltem Wasser, in Stoff gehüllt zentrifugiert und mit Öl bedeckt.

Das Haltbarmachen von Fisch

Obwohl es in ganz Italien ein reiches Angebot an frischen Süßwasser- und Meeresfischen gibt, wird in der italienischen Küche, genau wie in Spanien und Portugal, eine Menge Klipp- und Stockfisch – *baccalà* und *stoccafisso* – gegessen. Bei beiden Sorten handelt es sich um konservierten Kabeljau; *baccalà* wird noch auf See eingesalzen und dann an Land in großen Stücken getrocknet, *stoccafisso* dagegen besteht aus ganzen luftgetrockneten Fischen. Die eine oder andere dieser Zubereitungsformen wird in ganz Italien verwendet – teils aus wirtschaftlichen, teils aus religiösen Gründen. Stockfisch war einst der Fisch der Armen und diente als freitägliche Fastenspeise der Katholiken, die keinen frischen Fisch bekommen konnten. Heute schätzen ihn viele Menschen wegen seines charakteristischen Geschmacks und seiner Vielseitigkeit.

Weitere in Salz konservierte Fische sind Anchovis und Sardine, Grundlage unterschiedlichster Gerichte. Vor allem die konservierten Anchovis sind beliebt – besonders auf der Pizza. Fische werden auch in Essig eingelegt, was dem Fleisch von Süßwasserfischen wie Karpfen, Felchen, Aal und Forelle einen fast orientalisch anmutenden süß-sauren Beigeschmack verleiht.

Eine weitere traditionelle Konservierungsmethode für Fisch ist das Räuchern. Geräucherter Schwertfisch, Thunfisch und Stör sind von so hoher Qualität, daß sie selbst in die fischverwöhnten nordischen Länder exportiert werden, wo sie ihren Platz neben den einheimischen Räucherfischen wie Lachs, Makrele, Aal und Hering behaupten. Gesalzenes und luftgetrocknetes Thunfischfilet, *mosciame* genannt, ist eine hochgeschätzte Delikatesse, während luftgetrockneter, gesalzener Dorsch- oder Meeräschenrogen *(bottarga)*, eine sehr teure Spezialität aus Sardinien und Sizilien darstellt.

Links: Mosciame
Rechts: Bottarga di Tonno
(siehe Tonno, Seite 31)

Insalata di Aringhe, Arance e Pompelmi

SALAT AUS RÄUCHERHERING, ORANGEN UND GRAPEFRUIT

4 Orangen
2 rosa Grapefruits
1 rote Zwiebel, in dünne Ringe geschnitten
4 geräucherte Heringsfilets, in dünne Scheiben geschnitten
4 EL Olivenöl extra vergine
2 TL Weißweinessig
frisch gemahlener schwarzer Pfeffer
Fenchelgrün zum Garnieren

Orangen und Grapefruits schälen und die Segmente zwischen den Trennhäutchen herauslösen. Am besten über einer Schüssel arbeiten, um den Saft aufzufangen, am Schluß auch den Saft aus den Trennhäutchen herausdrücken. Die Segmente auf einer Servierplatte anordnen und zuerst die Zwiebelringe, dann den Fisch darauf verteilen.

Öl, Essig und etwas Pfeffer mit dem zurückbehaltenen Saft zu einer Vinaigrette verrühren und über den Salat gießen. Den Salat mit Fenchelgrün garnieren und mit frischem Brot servieren.

Aringa (Hering)

Dieser Fisch aus dem Nordatlantik kommt im Mittelmeer nicht vor, wird in Italien aber gern gegessen, im allgemeinen in gesalzener und geräucherter Form als Antipasto. Eine der interessantesten Zubereitungsarten für Hering, die ich kenne, ist der nebenstehende Heringssalat mit Orangen und Grapefruit.

Dieses typisch sizilianische Gericht schmeckt sehr erfrischend und wurde wohl eigens zur Verwendung der vielen dort geernteten Zitrusfrüchte und der Räucherheringe erfunden, die von Besuchern mitgebracht wurden.

Polenta e Baccalà

POLENTA MIT KLIPPFISCH

Baccalà, Stoccafisso (Klipp- und Stockfisch)

Baccalà und stoccafisso sind gesalzener bzw. luftgetrockneter Kabeljau. Lange Zeit war Stockfisch das Hauptnahrungsmittel der Seefahrer, da er auf langen Reisen gut haltbar war. Beide Sorten konservierten Kabeljaus stammen von den Lofoten, einer Inselkette in Norwegen, wo sich eine ganze Industrie um das Fangen, Salzen und Trocknen des Kabeljaus entwickelt hat.

FÜR 6 PERSONEN:
1,5 kg Klippfisch, aus der Mitte geschnitten
175 ml Olivenöl extra vergine
1 Zwiebel, in dünne Ringe geschnitten
2 Knoblauchzehen, grob gehackt
400 g gehackte Tomaten aus der Dose oder 3 große, reife Tomaten, gehäutet und grob gehackt
8 Basilikumblätter
3 EL grob gehackte glatte Petersilie
1 Glas Rotwein
Salz und Pfeffer

FÜR DIE POLENTA:
2 l Wasser
25 g Salz
300 g grobkörniger Polenta-Mais

Den in Stücke geschnittenen Fisch in reichlich kaltem Wasser 36 Stunden einweichen. Dabei das Wasser alle 6 Stunden wechseln. Danach abgießen, Gräten und Flossen entfernen und in 4 x 6 cm große Würfel schneiden.

Für die Polenta Wasser und Salz aufkochen. Polenta durch die Hand langsam ins Wasser rieseln lassen, dabei ständig rühren, um Klümpchen zu vermeiden. 40 Minuten unter ständigem Rühren kochen, bis sich die Polenta vom Topfrand löst. 125 ml Öl in einem Topf erhitzen, Zwiebel und Knoblauch darin glasig dünsten. Tomaten, Basilikum und Petersilie zufügen und so lange köcheln, bis die Sauce leicht bindet. Das restliche Öl in einem anderen Topf erhitzen, und die Fischwürfel 6 – 7 Minuten von allen Seiten braten. Tomatensauce und Wein über den Fisch gießen und mit Pfeffer sowie etwas Salz nach Geschmack würzen. 20 Minuten köcheln, dann mit der Polenta servieren.

Involtini di Pesce Spada

SCHWERTFISCH-ROULADEN

8 gleich große Schwertfischscheiben, jeweils etwa 1 cm dick
3 EL frische Semmelbrösel
8 schwarze Oliven, entsteint und fein gehackt
1 Prise frischer oder getrockneter Oregano
grob gehackte glatte Petersilie
Olivenöl
600 g Tomatenpüree
Salz und Pfeffer

Schwertfischscheiben aufeinander legen und alles überstehende Fleisch abschneiden, damit sie die gleiche Form bekommen. Die Reste fein hacken.

Für die Füllung Semmelbrösel mit Oliven, Oregano, Petersilie, Fischresten sowie Salz und Pfeffer vermischen. Etwas Füllung in die Mitte jeder Fischscheibe geben, aufrollen und mit einem Zahnstocher zusammenhalten. Olivenöl in einer Pfanne erhitzen, und die Fischrouladen 5 Minuten auf jeder Seite braten, bis sie gar sind. Aus der Pfanne nehmen und beiseite stellen. Tomatenpüree in derselben Pfanne 5 Minuten köcheln lassen. Mit Salz abschmecken, die Fischrouladen wieder mit in die Pfanne legen und erhitzen. Zahnstocher entfernen und servieren.

Pesce Spada (Schwertfisch)

Schwertfische werden bis zu 4 m lang und 200 kg schwer. Man erkennt sie leicht an ihrem schwertartig verlängerten Oberkiefer. An den Küsten Sardiniens und Siziliens werden sie häufig mit Harpunen gefangen. Der Schwertfisch gehört zu den Fischen, die man vor der Verwendung mindestens einen Tag abhängen läßt. In Konsistenz, Farbe und Geschmack ähnelt sein Fleisch dem des Hais. Es wird zumeist gegrillt, aber in letzter Zeit serviert man es immer häufiger roh als Carpaccio oder geräuchert. Das nebenstehende Rezept ist eines der interessantesten.

Dieses Rezept ist eine Spezialität aus Sizilien, wo Schwertfisch als besondere Delikatesse gilt. Fast jede Familie bereitet eine eigene Art von Füllung zu – aber immer mit leckerstem Resultat!

Acciuga, Alice (Anchovis, Sardelle)

Anchovis sind die wohl beliebtesten und vielseitigsten Fische Italiens. Sie leben in tiefen Gewässern und nähern sich nur im Frühjahr während der Paarungszeit der Küste. Das Fischen dieser Spezialität wird streng kontrolliert, damit die Bestände nicht leiden.

Frisch geschlüpfte Anchovis, neonati, latterini *oder* bianchetti *genannt, werden mit sehr feinen Netzen gefangen und mit Haut und Gräten mit ein wenig Zitronensaft verspeist oder für delikate Salate und Beignets verwendet.*

Ausgewachsene Fische werden höchstens 20 cm lang.

Insalata di Neonato

ANCHOVIS-SALAT

600 g frisch geschlüpfte Anchovis
(*neonati*, siehe Foto Seite 19)
oder junge Aale (Glasaale, siehe Seite 28)
3 EL Olivenöl extra vergine
Saft von 1 Zitrone
Salz und Pfeffer

Fische waschen und unansehnliche Stellen entfernen. Einen großen Topf mit Wasser zum Kochen bringen und die Fische 1½ bis 2 Minuten darin garen. Das Wasser abgießen, und die Fische mit Olivenöl, Zitronensaft, Salz nach Belieben und reichlich frisch gemahlenem schwarzem Pfeffer anrichten.

Ein köstlicher *Antipasto*, den man auch aus Glasaalen zubereiten kann!

Dieses einfache, typische Gericht ist sowohl eine ligurische wie auch sizilianische Spezialität. Dank der Qualität und des Geschmacks der Fische brauchen sie nur ganz kurz gegart zu werden.

Frische Anchovis (Sardellen) *sollten sofort verbraucht werden, da das zarte, wohlriechende Fleisch schnell verdirbt. Man kann die Filets roh essen, nur mit ein paar Tropfen Zitronensaft beträufelt. Man kann sie aber auch in einer Mischung aus Zitronensaft, Petersilie und Olivenöl marinieren und dann mit einer grünen Sauce aus Petersilie, Olivenöl, Chilischoten und Knoblauch servieren; dazu paßt reichlich knuspriges Brot. Ich fülle die entgräteten Fische am liebsten mit einer Mischung aus Semmelbröseln, Kräutern, Eiern und Parmesan, beträufle sie mit Olivenöl und backe sie im Ofen.*

Richtig konservierte Anchovis schmecken genauso gut wie frisch filetierte. Die besten acciughe *beziehungsweise* alici, *wie sie im Süden auch genannt werden, findet man im Golf von Neapel, wo besonders Salerno für seine ausgezeichneten konservierten Anchovis bekannt ist, und in Sizilien, wo Cefalù eines der Zentren der Sardellenindustrie ist.*

Bagna Caôda

HEISSER PIEMONTESISCHER DIP

FÜR 6 PERSONEN:
125 g Butter
6 Knoblauchzehen, zerdrückt
300 g Anchovisfilets (am besten von in Salz eingelegten Anchovis), fein gehackt
200 ml Olivenöl extra vergine
gemischtes rohes Gemüse zum Servieren (siehe rechts)

Butter und Knoblauch in einen Tontopf geben. Den Knoblauch auf kleiner Flamme unter gelegentlichem Rühren in der heißen, aber nicht kochenden Butter auflösen. Anchovis und Öl hinzufügen und bei sehr kleiner Hitze verrühren, bis die Mischung cremig wird.

Auf einem Rechaud zu dem Gemüse servieren.

Am besten ißt man das Gericht mit mehreren Freunden aus einem großen Tontopf, der über einem Rechaud warm gehalten wird. Aber es sind auch Töpfchen für Einzelportionen erhältlich.

La Verdura (Das Gemüse)

Alle Sorten müssen jung und frisch in Streifen geschnitten sein. Es bieten sich an: rote und gelbe Paprikaschoten, rohe Blumenkohlröschen, Selleriestangen, Artischockenherzen, Karden (siehe auch Abbildung), Frühlingszwiebeln und was der Markt sonst noch an Frischem bietet. Dazu viel Brot und Wein!

Sardine in Carpione

MARINIERTE SARDINEN SÜSS-SAUER

12 große, frische Sardinen, gesäubert
Mehl zum Bestäuben, Olivenöl zum Braten

FÜR DIE MARINADE:
90 ml Olivenöl
1 große Zwiebel, fein gehackt
1 geschälte Tomate, klein gewürfelt
2 Lorbeerblätter
10 Wacholderbeeren
20 schwarze Pfefferkörner
1 kleine Chilischote
5 EL Weißweinessig
1 kleines Glas trockener Weißwein
1 TL Zucker

Sardinen in Mehl wenden, in Olivenöl auf beiden Seiten knusprig braten. In einer flachen Schale anrichten.

Für die Marinade Öl in einer sauberen Pfanne erhitzen und Zwiebel, Tomate, Lorbeer, Wacholder, Pfeffer und Chili darin weich dünsten. Essig, Wein und Zucker einrühren, dann die Marinade über den noch warmen Fisch gießen. Vor dem Servieren einige Stunden ziehen lassen. Wahlweise geht auch Forelle oder Flußbarsch.

Dieses köstliche sommerliche Gericht eignet sich ausgezeichnet als Antipasto. Der Fisch sollte absolut frisch sein.

Sarde, Sardina, Sardella (Sardine)

Der Name dieses Heringsfisches leitet sich wahrscheinlich von der Region her, wo er am meisten gefischt wurde, nämlich Sardinien. Sardinen kannten bereits die Römer. Man ißt sie in fast allen Mittelmeerländern. In den Küstenregionen Italiens werden sie nicht nur frisch verzehrt, sondern auch in Öl und Salz konserviert. Ihr Fleisch ist relativ fett und schmeckt am besten gegrillt, mit etwas Zitronensaft, Olivenöl, Petersilie, Knoblauch, Salz und Pfeffer bestrichen. Man kann die Sardinen aber auch entgräten und füllen oder in Mehl, Ei und Semmelbröseln wenden und fritieren. Die Sizilianer bereiten daraus z. B. Sardine alla beccafico, *Sardinenfilets, die mit Semmelbröseln, Pinienkernen, Rosinen und Olivenöl gefüllt, aufgerollt, gebacken und vor dem Servieren mit ein paar Tropfen Orangensaft beträufelt werden.*

Lavarello e Trota Marinate

CARPACCIO MIT FELCHEN ODER FORELLE

4 EL Olivenöl extra vergine
Saft von 2 Zitronen
fein geriebene Schale von 1/2 Zitrone
1 TL Zucker
1 EL fein geriebener Meerrettich
600 g Felchen- oder Forellenfilets von einem großen Fisch, in sehr dünne Scheiben geschnitten
2 EL sehr fein gehackte glatte Petersilie
Salz und Pfeffer

Da dieses Gericht nicht gegart wird, sollten Sie nur ganz frischen Fisch verwenden. Die Filets werden beim Marinieren von der Säure des Zitronensafts durchzogen und dadurch bekömmlich.

Für die Marinade Öl, Zitronensaft und -schale, Zucker und Meerrettich sowie Salz und Pfeffer nach Geschmack verrühren. Die Fischscheiben auf einer Servierplatte anrichten.

Die Marinade darübergießen und ein paar Stunden stehen lassen, dann den Fisch wenden und mit der noch nicht absorbierten Marinade beträufeln. Mit Petersilie bestreuen und mit Brot oder Grissini als *Antipasto* servieren.

Lavarello (Felchen)

In fast allen italienischen Seen lebt dieser Fisch, der auch lavarello *genannt wird. Er wird gewöhnlich etwa 30 cm lang und besitzt ein sehr feines Fleisch. Besonders beliebt ist er in Norditalien, wo er eine Alternative zu Meeresfischen darstellt, die über weite Strecken von den Küsten herbeigeschafft werden müssen. Man kann Felchen braten und mariniert (z. B.* in carpione, *siehe Seite 22) als pikante Vorspeise reichen oder filetieren und mit Mehl bestäubt, mit Butter beträufelt, mit Salbeiblättern belegt im Ofen backen. Ganz gleich, ob man sie brät, bäckt oder kocht – Felchen schmecken immer hervorragend.*

Diese moderne Art, Fisch zu servieren, ist in Italien allgemein als Carpaccio bekannt.

Anguilla alla Luciana

GEBACKENER AAL IN LORBEER

Anguilla, Bisato (Aal)

Diese erstaunlichen Geschöpfe leben sowohl in Salz- als auch in Süßwasser. Am interessantesten ist jedoch die Tatsache, daß sie alle in der Sargassosee vor der amerikanischen Küste ausschlüpfen und dann vom Golfstrom Tausende von Kilometern weit nach Europa transportiert werden, wo man sie fängt und alsbald verspeist. In Italien nennt man diese Glas- oder Jungaale cieche *(das heißt »blind«), weil man sie so leicht fangen kann, daß die Fischer sagen, sie seien blind für die Netze. Die Aale, die nicht als Glasaale im Meer gefangen werden, schwimmen in Süßwasserflüssen und -seen, wo sie sieben Jahre lang heranwachsen, bis sie an ihren Geburtsort zurückkehren, um zu laichen und ihr Leben zu beenden.*

Aale ißt man in Italien gebraten, gegrillt, gebacken oder geschmort. Das nebenstehende Aalgericht ist eines der besten, die ich kenne.

Für 6–8 Personen:
1 großer Aal von etwa 1,25 kg
oder 2 kleinere Aale à 800 g
ungefähr 24 frisch gepflückte große Lorbeerblätter
grobes Salz

Trotz der simplen Zubereitung des Aals schmeckt er einfach köstlich! Den Aal unbedingt lebend kaufen und vom Fischhändler töten lassen, wenn Sie das nicht selbst machen können. Den Backofen auf 200 °C (Gas Stufe 3) vorheizen. Den Aal enthäuten, ausnehmen und mit einem Tuch abreiben, damit er nicht mehr so stark glänzt. In etwa 7,5 cm lange Stücke schneiden und in einen Tontopf schichten, dabei zwischen jede Lage einige Lorbeerblätter und etwas Salz geben. Ohne Deckel je nach Größe des Aals etwa 30 bis 40 Minuten garen – dabei mit einer Nadel den Garzustand überprüfen.

Ein einfaches und ausgesprochen leckeres Rezept.

Spiedino di Grandi Pesci

FISCHSPIESSE

1 kg gemischte Fischfilets (siehe unten), in große Würfel geschnitten

FÜR DIE MARINADE:
Saft von 1 Zitrone
1 kleines Glas trockener Weißwein
1 EL Balsamico-Essig
1 EL Olivenöl extra vergine
1 EL fein gehackte Petersilie
1 EL fein gehackter Salbei
1 EL fein gehackte Minze
Salz und Pfeffer

Für die Marinade alle Zutaten verrühren. Die Fischwürfel in eine Schüssel geben und mit der Marinade übergießen. Einige Stunden ziehen lassen.

Würfel verschiedener Fischsorten auf vier lange Spieße stecken und auf jeder Seite etwa 3 bis 5 Minuten (je nach Größe der Würfel) über einem Holzkohlengrill, auf einer Bratpfanne mit Grillbratfläche oder unter einem Ofengrill garen, dabei wiederholt mit der Marinade bestreichen. Mit Rucola-Salat servieren.

Ein Fischhändler beim Zerschneiden von Thunfisch

Stücke von großen Fischen wie Thunfisch, Schwertfisch, einer großen Forelle, Lachs, Steinbutt, Heilbutt oder Seeteufel lassen sich gut am Spieß garen.

Tonno (Thunfisch)

»Tonnare« nennt man das Netzsystem, mit dem die Fischer Kalabriens und Siziliens auf Thunfischfang gehen. Dabei erbringt eine einzige Fahrt viele Tonnen Thunfisch. Das Konservieren in Dosen wurde wahrscheinlich erfunden, um mit diesen riesigen Mengen fertig zu werden. Thunfisch in Dosen wird völlig anders verwendet als frischer. Man nimmt ihn für Saucen und Antipasti. Frischer Thunfisch dagegen wird ähnlich zubereitet wie Schwertfisch, das heißt, in Scheiben geschnitten und in der Regel gegrillt. Sehr frischer Thunfisch schmeckt roh als Carpaccio; er läßt sich aber auch zu mosciame *– luftgetrockneten Filets – verarbeiten.* Ventresca, *der Bauch des Thunfischs, wird oft als besondere Delikatesse eingemacht. Gesalzenen, luftgetrockneten Thunfischrogen nennt man* bottarga di tonno.

Branzino all'Acqua di Mare

SEEBARSCH IN MEERWASSER

2 Seebarsche à 500 g, gesäubert
jeweils die gleiche Menge Meerwasser (oder einfaches Wasser mit Salz),
trockener Weißwein
und Olivenöl extra vergine (so viel, daß die Fische im Topf
bis in Bauchhöhe bedeckt sind)
Saft von 1 Zitrone
1 EL Petersilienblätter
2 EL Oreganoblätter
schwarzer Pfeffer

Die Fische mit allen übrigen Zutaten in einen großen Topf geben, zudecken und zum Kochen bringen. Den Deckel entfernen, die Hitze reduzieren und 10 Minuten leise kochen. Die Fische umdrehen und weitere 12 Minuten köcheln lassen, bis sie gar sind.

Mit Pellkartoffeln und einem Löffel Kochflüssigkeit servieren.

Branzino, Spigola (Seebarsch)

Man fängt ihn an allen Küsten mit stürmischer See. Er wird bis zu 1 m lang und 10 kg schwer. Sein feines, festes Fleisch ist ungeheuer vielseitig verwendbar und läßt sich einfach zubereiten. Ob gekocht, gebacken oder gegrillt – der Seebarsch hält immer, was sein Name verspricht. Aufgrund der großen Nachfrage wird er heute gezüchtet. Man bäckt den Seebarsch oft im Ganzen in einer Salzkruste oder verpackt ihn in Folie und würzt ihn mit Petersilie, Knoblauch, Zitrone und Fenchel. Die Sizilianer kochen ihn wie im nebenstehenden Rezept zu lesen.

Der herrliche Fischmarkt an der Rialto-Brücke in Venedig

Wenn italienische Gourmets die Worte *spigola* oder *branzino* hören, schlagen ihre Herzen höher, denn der Seebarsch ist der beliebteste Fisch Italiens.

Cacciucco

LIGURISCHE FISCHSUPPE

FÜR 6 PERSONEN
500 g Scorfano
500 g Seeteufel
225 g Krake
225 g Kalmar
225 g Miesmuscheln
6 Tomaten, gehackt
Salz und Pfeffer
Olivenöl zum braten

FÜR DIE BRÜHE:
1 Große Zwiebel, gehackt
1–2 Möhren, gehackt
2 Selleriestangen, gehackt
1 Knolle wilder Fenchel, gehackt
2–3 Lorbeerblätter
12 schwarze Pfefferkörner

Fische und Meeresfrüchte säubern und vorbereiten, wie unter dem jeweiligen Stichwort beschrieben. Die guten Stücke beiseite legen. Für die Brühe die Fischabfälle (wie Köpfe und Schwänze) mit Zwiebel, Möhren, Sellerie, Fenchel, Lorbeerblättern und Pfeffer in einen großen Topf geben. Mit Wasser bedecken und 20 Minuten sanft köcheln lassen. Danach abseihen. Topf geben. Mit Wasser bedecken und 20 Minuten sanft köcheln lassen. Danach abseihen.

In der Zwischenzeit Olivenöl in einem großen Topf erhitzen, Fisch, Krake und Kalmar hinzugeben und auf jeder Seite etwa 1 Minute anbraten. Tomaten hinzufügen. So viel Brühe in den Topf geben, daß der Fisch bedeckt ist. Alles etwa 3 Minuten köcheln lassen, dann die Muscheln hinzufügen und weitere 2 Minuten kochen, bis sie sich geöffnet haben. Mit Salz und Pfeffer abschmecken und sofort servieren.

Cacciucco

Jede Stadt an der italienischen Küste hat ihr eigenes Rezept für Fischsuppe. In Ligurien heißt sie Cacciucco, *und man bereitet sie mit fangfrischen Fischen der Region zu.*

Diese klassische Fischsuppe, die man auch unter der Bezeichnung buridda *kennt, wird meist aus Muräne und Drachenkopf, mit Wein, Knoblauch, Petersilie, Olivenöl und Tomaten, gekocht.*

Stocco alla Genovese

STOCKFISCH-EINTOPF NACH GENUESER ART

1 kg Stockfisch (siehe Marginalspalte)
90 ml Olivenöl extra vergine
1 große Zwiebel, fein gehackt
2 EL schwarze Oliven, vorzugsweise *Taggiasca* – eine Olivensorte aus Ligurien
2 Knoblauchzehen, grob gehackt
4 Anchovisfilets
85 g geröstete Pinienkerne
2 EL grob gehackte glatte Petersilie
schwarzer Pfeffer

Den Stockfisch über Nacht in kaltem Wasser einweichen, dann das Wasser abgießen. Den Fisch in einem Topf mit frischem Wasser bedecken und zum Kochen bringen, danach die Hitze reduzieren und weiter 2 bis 2 1/2 Stunden köcheln lassen, bis der Fisch gar ist. Abgießen und das Fischfleisch von den Gräten lösen. Olivenöl in einem Topf erhitzen und die Zwiebel darin glasig dünsten. Oliven, Knoblauch und Anchovis hinzufügen und 5 Minuten garen. Fisch, Pinienkerne und Petersilie unterrühren und weitere 5 Minuten garen. Mit schwarzem Pfeffer abschmecken und zu Polenta (siehe Seite 16) servieren.

Von den zahlreichen italienischen Stockfisch-Rezepten ist dies das einfachste und dennoch das köstlichste.

Stock- und Klippfisch (Kabeljau)

Vor allem Ligurien und Venetien sind berühmt für ihre Stockfisch-Rezepte; von hier aus verbreitete er sich über das ganze Land. Früher war Stockfisch die Nahrung der Armen. Besonders nützlich war er auch, weil er an religiösen Fastentagen in den abgelegenen Tälern der italienischen Alpen, wo frischer Fisch Mangelware war, zur Verfügung stand. Heute wird er in der italienischen Küche gerade wiederentdeckt.

Baccalà, *gesalzener Kabeljau, muß mindestens 24 Stunden in kaltem Wasser eingeweicht werden, um das Salz zu entfernen. Mancherorts kann man ihn auch gebrauchsfertig vorgeweicht kaufen. Obwohl Stockfisch luftgetrocknet und ungesalzen ist, muß auch er vor dem Kochen lange eingeweicht werden, um zu quellen. Außerdem muß man ihn kräftig mit einem Holzhammer klopfen, damit er weich wird und die Fasern brechen.*

Triglie alle Olive

SEEBARBEN MIT OLIVEN

Triglia (Seebarbe)

Die Seebarbe ist einer meiner Lieblingsfische. Sie ist ein sehr zarter, leicht verderblicher Fisch und schmeckt am besten, wenn man sie am Tag des Fangs zubereitet, denn sie läßt sich nicht tiefkühlen oder auf andere Weise konservieren.

Es gibt zwei Arten von Seebarben: die eine mit ausgeprägtem Kopf und rosaroter Haut; die andere in Rötlichgelb mit schmalerem Kopf. Die Seebarbe läßt sich ausgezeichnet backen, braten, grillen oder für Fischsuppen verwenden, denen sie jedoch erst in letzter Minute hinzugefügt werden sollte. Größere Barben werden oft filetiert, um die vielen Gräten zu entfernen.

8 ganze frische Seebarben von je etwa 125 g oder 4 à 250 g, ausgenommen
einige Anchovis
3 EL Olivenöl extra vergine
1 Knoblauchzehe, fein gehackt
3 EL Petersilie, fein gewiegt
80 g schwarze Oliven, fein geschnitten
4 EL Tomatenpüree
200 g Tomaten, geschält und gewürfelt
Salz und Pfeffer

Das Olivenöl in einer Pfanne erhitzen, und den Fisch 4 Minuten auf jeder Seite anbraten, größere Exemplare 6 bis 8 Minuten. Mit einem Schaumlöffel aus der Pfanne heben und beiseite stellen.

Knoblauch, Petersilie und Oliven hinzugeben und auf kleiner Flamme 2 bis 3 Minuten kochen, dann die Anchovis dazugeben. Umrühren, bis die Anchovis zerfallen.

Das Püree hineinrühren, anschließend die Tomaten. Zum Simmern bringen, und den Fisch zurück in die Pfanne legen. 5 Minuten auf jeder Seite garen. Nach Geschmack würzen und warm servieren.

Frische spielt bei der Seebarbe eine besondere Rolle.

1P 3111

IP 3107

Insalata di Mare

MEERESFRÜCHTE-SALAT

Polpo, Moscardino (Krake, Seepolyp)

Mitten auf dem Vucceria-Markt in Palermo auf Sizilien gibt es einen berühmten Stand, an dem fangfrischer gekochter Krake verkauft wird. Die rahmweißen Kraken werden in das kochende Wasser geworfen, und nach ein paar Minuten kommen sie wieder heraus, appetitlich rosarot und wunderbar zart. Zerschnitten kann man sie gleich essen und braucht dazu weder Saucen noch Gewürze, weil die Natur alles Nötige zur Verfügung gestellt hat. Kraken werden zwischen 50 cm und 3 m lang. Die kleineren, bis zu 200 g schweren Exemplare sind sehr zart, alle anderen – sie wiegen bis zu 25 kg – müssen erst weich gemacht werden, indem man sie entweder mit einem Stock klopft oder gegen Felsen schlägt, um die Fasern aufzubrechen.

Moscardini *sind den Kraken ähnlich, aber kleiner und schmecken ebenfalls sehr gut.*

2 Knoblauchzehen, halbiert
Saft von 2 Zitronen
600 g gemischte Meeresfrüchte, z. B. Garnelen oder Krabben, Miesmuscheln, kleine Kraken, kleine Kalmare (oder große, in Ringe geschnitten), Venusmuscheln oder was immer der Fischhändler an frischen Meeresfrüchten zu bieten hat, gesäubert
90 ml Olivenöl
2 EL fein gehackte glatte Petersilie
Salz und Pfeffer

Die Knoblauchzehen etwa 1 Stunde im Zitronensaft ziehen lassen; wenn der Saft den Geschmack angenommen hat, den Knoblauch wieder entfernen. In der Zwischenzeit die Meeresfrüchte in etwas Wasser zugedeckt einige Minuten garen, bis die Muscheln sich geöffnet haben.

Zitronensaft mit Olivenöl, Petersilie, Salz und Pfeffer nach Geschmack verrühren. Die Sauce mit den Meeresfrüchten vermischen, dann kühl stellen und durchziehen lassen.

Vor dem Servieren kurz durchmischen und mit Brot oder Grissini als Antipasto reichen.

Wie bei den meisten italienischen Gerichten hängt auch hier der Geschmack eher von der Frische der Zutaten als von der Zugabe von Kräutern und Gewürzen ab.

Capasante al Burro e Limone

JAKOBSMUSCHELN MIT BUTTER UND ZITRONE

12 große Jakobsmuscheln mit Rogen
55 g Butter
Saft von 1/2 Zitrone
2 EL Fischbrühe
1 EL fein gehackte glatte Petersilie
Salz und Pfeffer
Mehl zum Bestäuben

Die Jakobsmuscheln mit Mehl bestäuben. Butter in einer Pfanne erhitzen, und die Muscheln auf jeder Seite 2 Minuten darin braten. Aus der Pfanne nehmen und beiseite stellen. Zitronensaft und Brühe in die Pfanne geben, und den Bratensatz mit einem Löffel ablösen. Falls nötig, etwas mehr Brühe dazugießen, salzen und pfeffern. Muscheln wieder in die Pfanne geben, kurz erwärmen und servieren.

Auf dem Fischmarkt an der Rialto-Brücke in Venedig

Jakobsmuscheln gehören zu den köstlichsten Meeresfrüchten. Sie sollten nur kurz gegart werden – entweder gebraten oder gedünstet.

Capasanta, Conchiglia di San Giacomo, Pettine (Jakobsmuschel)

Diese beliebte Kammuschel trägt die unterschiedlichsten Namen. In Italien wird sie gewöhnlich ohne den Rogen, den rosafarbenen Corail, zubereitet. Eine der besten Arten mit der Bezeichnung canestrello *findet man in der Gegend um Venedig, wo sie am Meeresboden lebt und von Tauchern das ganze Jahr über geerntet werden kann. Es ist daher kein Wunder, daß aus Venedig einige der besten Rezepte stammen, darunter* Risotto ai canestrelli, *eine italienische Version der spanischen Paella.*

Seppie al Nero

TINTENFISCH IN EIGENER TINTE

Seppia, Seppietta (Tintenfisch, Sepia)

Der Tintenfisch hat einen kleineren, runderen Körper als der Kalmar, aber ebenso viele Fangarme. Sein Fleisch ist nicht ganz so fest, und es ist sehr umstritten, welcher von beiden besser schmeckt. Auch der Tintenfisch trägt einen Beutel mit Tinte, die er verspritzt, um Feinde, die ihn verfolgen, zu verwirren. Die berühmte Sepia, ein dunkler Farbstoff, wurde zu Zeiten Leonardo da Vincis als Pigment für Zeichentusche benutzt und findet heute in der italienischen Küche besonders zum Färben von Speisen Verwendung (siehe nebenstehendes Rezept).

Wenn man den Tintenfisch zubereiten will, muß man zuvor die gestreifte Haut entfernen, ebenso Schnabel und Eingeweide (einschließlich des Kalkblatts). Der schwarze Tintenbeutel, der in der Mitte der Fangarme sitzt, wird sorgfältig herausgenommen und beiseite gelegt.

700–800 g frischer Tintenfisch
90 ml Olivenöl
1 kleine Zwiebel, sehr fein gehackt
1 Knoblauchzehe, sehr fein gehackt
1 kleines Glas trockener Weißwein
1 kleine rote Chilischote nach Bedarf
Salz und Pfeffer

Den Tintenfisch gründlich putzen (siehe Marginalspalte). Dabei den kleinen silbrigen Tintensack entfernen und beiseite legen. Die Fangarme abschneiden und waschen. Öl in einer großen Pfanne erhitzen, und Zwiebel und Knoblauch einige Minuten darin andünsten. Wein angießen und einige Minuten kochen, damit der Alkohol verdunstet. Danach Tintenfisch und Fangarme dazugeben, Pfanne zudecken und 20 Minuten sanft köcheln lassen. Die Tinte hinzufügen und mit etwas Wasser verdünnen, damit die Sauce flüssiger wird. Mit Salz, Pfeffer und Chilischote nach Bedarf abschmecken, und weitere 10 Minuten kochen, bis der Tintenfisch gar ist.

Für dieses Rezept müssen Sie Tintenfische verwenden, weil nur diese genügend Tinte besitzen. Die Tintensäcke von Kalmaren und Oktopoden enthalten weniger Flüssigkeit.

Sauté Misto di Vongole e Datteri

SAUTIERTE MUSCHELN UND MEERDATTELN

1 kg Miesmuscheln
1 kg *telline* (Venusmuscheln bzw. *vongole*)
500 g Meerdatteln oder Meertrüffeln (siehe Marginalspalte)
4 EL Olivenöl extra vergine
1 Knoblauchzehe, fein gehackt
225 g gewürfelte Tomaten
2 EL gehackte glatte Petersilie
schwarzer Pfeffer

Die Muscheln unter fließendem kaltem Wasser gründlich reinigen und alle Muscheln wegwerfen, die geöffnet sind oder nicht gut aussehen.

Olivenöl in einem großen Topf erhitzen, und den Knoblauch kurz darin anbraten, ohne ihn zu bräunen. Alle Muscheln und Tomaten dazugeben, zudecken und garen. Nach einigen Minuten öffnen sich die Muscheln. Den zugedeckten Topf schütteln, so daß alle Muscheln gleichmäßig garen. Alle, die sich nicht geöffnet haben, entfernen. Petersilie und reichlich frisch gemahlenen schwarzen Pfeffer untermischen.

Auf einer Platte mit der köstlichen Sauce servieren, die man am besten mit frischem Brot aufstippt. Üblicherweise ißt man dieses Gericht mit den Fingern und saugt das Fleisch direkt aus den Muscheln. Vergessen Sie nicht, Fingerschüsseln auf den Tisch zu stellen!

Im Süden ist diese Spezialität, die in der Regel aus verschiedenen Muschelarten und Meerdatteln zubereitet wird, überaus beliebt.

Dattero di Mare (Bohrmuschel, Meerdattel)

Dieses mit der Miesmuschel verwandte Weichtier trägt seinen Namen nach seinem Aussehen, das einer Dattel ähnelt. Die ovale dunkelbraune Meerdattel ist etwa 5 bis 10 cm lang. Sie lebt an Felsen, in die sie eine Nische ätzt. Meerdatteln sind eine echte Delikatesse und sehr begehrt. Ihr Fang ist gesetzlich geregelt. Wenn Sie genau wissen, woher die Meerdatteln stammen, können Sie sie roh essen wie Austern. Sie sind sandfrei.

***Tartufi di mare* (*Meertrüffel*)**

ähneln den Venusmuscheln, sind aber fleischiger und zarter. Sie werden mit einem Kamm aus dem Meeressand geholt.

Calamaretti in Umido

GEDÜNSTETE BABY-KALMARE

Calamaro (Kalmar)

Dieser beliebte Kopffüßler ist mit dem Kraken verwandt. Kalmare besitzen einen sackähnlichen Körper mit zwei Flossen, einen Kopf und zehn kurze Fangarme. Zwei dieser Fangarme sind länger als die anderen und tragen kleine Saugnäpfe. Die Haut der calamari *(Kalmare) und* calamaretti *(Baby-Kalmare) ist meist hellrosa mit weißen Flecken.*

Um Kalmare zu putzen, entfernt man zunächst die Haut. Dann zieht man das durchsichtige Kalkblatt aus dem Mantel und wirft es fort. Den schwarzen Tintenbeutel im Körperinneren vorsichtig herausnehmen und beiseite legen, falls man ihn weiterverwenden will.

Semmelbrösel von 1 frischen Brötchen
etwas Milch
600 g Baby-Kalmare, gesäubert (siehe Marginalspalte)
1 Knoblauchzehe, sehr fein gehackt
3 EL sehr fein gehackte glatte Petersilie
4 EL Olivenöl extra vergine
2 große reife Tomaten, gehäutet, entkernt und gehackt
Salz und Pfeffer

Semmelbrösel in etwas Milch einweichen, dann die überschüssige Flüssigkeit ausdrücken. Die Fangarme der Kalmare abschneiden, hacken und mit den Semmelbröseln, Knoblauch, Petersilie und etwas Salz und Pfeffer vermischen. Die Mäntel der Kalmare zu etwa zwei Dritteln mit dieser Mischung füllen.

Öl in einer großen Pfanne erhitzen und die gefüllten Kalmare darin anbraten, bis sie leicht rosafarben werden. Gehackte Tomaten dazugeben und rund 15 Minuten köcheln lassen, bis sie eine saucenartige Konsistenz angenommen haben.

Als ich in Pozzuoli den Fisch für dieses Rezept kaufte, schenkte mir der Händler eine Handvoll Seetang, den ich in einen ganz leichten Teig tauchte und kurz ausgebacken zu den Kalmaren servierte.

SARDE SALATE ALLA
PESCE AZZURRO
Net Weight 20 Lbs.
Antica Lavorazione
Artigiana
20 Lbs.

ALLA CARNE
RO CEFALÙ
DE SALATE ALLA CARNE
LAVORAZIONE IN CEFALÙ
SCE AZZURRO CEFALÙ
SARDE SALATE ALLA CAR
LAVORAZIONE IN CEFALÙ

Glossar

Acciuga, Alice/Anchovis, Sardelle

siehe Seiten 18 und 19

Alborella/Renke, Felchen

Dieser vor allem im Comer See häufig vorkommende Fisch erreicht eine Länge von 20 cm und hat eine silbrige Haut, die sich leicht schuppen und abziehen läßt. Sein Fleisch schmeckt süßlich und wird luftgetrocknet für eine norditalienische Spezialität namens *Missoltit* verwendet. Meist wendet man die Fische im ganzen oder als Filets in Mehl und fritiert sie. Oft werden sie aber auch mit Essig, Wein und Lorbeerblättern mariniert und mit Zwiebeln in Öl gebraten.

Atiotide, Patella Reale/Napfschnecken

Diese einschaligen Weichtiere, die kleinen Pyramiden ähneln, findet man an Felsen haftend. Mit guten Augen und einem scharfen Messer können Sie vielleicht welche entdecken und von den Felsen lösen. Sofern das Wasser sauber ist, kann man sie mit etwas Zitronensaft beträufelt roh essen. Sie schmecken nussig und köstlich in Fischsuppen.

Anguilla, Bisato/Aal

siehe Seite 28

Aragosta, Astice/Gemeine Languste, Hummer

Unter den zahlreichen Krustentieren ist die Gemeine Languste/*Aragosta nostrana*, die keine Scheren hat, die häufigste. Der größere dunkelblaugrüne Hummer heißt *asace*. Langusten und Hummer kocht man am besten in Wasser, dann färbt sich ihre Schale leuchtend rot. Es wird viel darüber diskutiert, welche die humanste Art ist, einen lebenden Hummer zu kochen. Heute scheint man sich einig zu sein, daß man ihn am besten rasch in sprudelnd kochendes Wasser taucht. Wenn er gar ist, wird er halbiert und mit feinstem Olivenöl und ein paar Spritzern Zitronensaft beträufelt. Vergessen Sie nicht die Hummergabeln, damit Ihre Gäste das saftige Fleisch aus den Scheren ziehen können.

Aringa/Hering

siehe Seite 15

Baccalà, Stoccafisso/Gesalzener oder getrockneter Kabeljau

siehe Seiten 16 und 37

Barbo/Barbe

Diesen Süßwasserfisch findet man in ganz Italien. Er vergräbt sich im Schlamm vieler Flüsse und Seen. Die Barbe ist zart und hat wenig Gräten. Gebraten oder pochiert schmeckt sie am besten. Man darf sie nie roh essen, da ihr Fleisch in ungekochtem Zustand giftig ist.

Bottarga, Buttariga/Rogen von Meeräsche oder Thunfisch

Der Rogen der Meeräsche wird als *bottarga di muggine* bezeichnet, der des Thunfischs als *bonarga di tonno*. Der wesentlich kleinere Meeräschenrogen wird in Salzlake konserviert, gepreßt und zum Trocknen aufgehängt. Sizilien und Sardinien sind die Hauptproduzenten und -konsumenten dieser sehr teuren Spezialität. Man ißt sie in dünnen Scheiben als pikante Vorspeise mit Zitronensaft und Olivenöl oder auf Rührei. Der wesentlich größere Thunfischrogen wird nach dem Einsalzen in eine rechteckige Form gepreßt. Er erreicht bis 2 kg und wird meist gerieben auf Pasta und Eiern serviert, deren neutraler Geschmack die perfekte Basis für das kräftige Aroma des salzigen Rogens abgibt.

Branzino, Spigola/Seebarsch

siehe Seite 33

Calamaro/Kalmar

siehe Seite 50

Cannocchia, Pannocchia/Heuschreckenkrebs

Diese Krustentierart aus dem Mittelmeer ist typisch für Italien. Im Aussehen ähnelt sie der Langustine. Besonders häufig kommt sie in der Adria vor, wo sie im Sand und Schlamm des Meeresbodens lebt. Der Heuschreckenkrebs kann bis zu 20 cm lang werden und hat eine Art verstärkter Schale an Rücken und Schwanz mit zwei schwarzen Flecken, die wie ein Augenpaar aussehen. Je nachdem, wo man ihn fängt, variieren Name und Verwendungszweck. In Venedig heißt er *canoci*, in Apulien *caratiedde*, in Neapel *spanoccio* und in der Toskana *cicala*. Um an das zarte Fleisch heranzukommen, schneidet man ihn am besten mit einer Schere beidseitig auf und zieht es dann in einem Stück heraus. Man verwendet den Heuschreckenkrebs gerne für Fischsuppen, serviert ihn aber auch frisch gekocht mit einem Dressing aus Olivenöl und Zitronensaft.

Cannolicchio, Cappalunga/ Scheidenmuschel oder Gemeine Messerscheide

Dies ist eine besondere Molluskenart, deren Schalenhälften aussehen wie altmodische Rasiermesser. Sie lebt auf sandigen Meeresböden und ist sehr schwierig zu fangen, weil sie aufrecht dort sitzt und mit ihren scharfen Schalen Netze und Hände zerschneiden kann. Man fängt sie am einfachsten bei Ebbe, indem man die Schalen vorsichtig aus dem Sand zieht. Scheidenmuscheln können bis zu 30 cm lang werden, die kleineren sind jedoch zarter. Man kann sie grillen und in Fischsuppen oder Meeresfrüchtesalate geben. Sie werden meist gebündelt angeboten. Wählen sie diejenigen, die schwer für ihre Größe sind. Um an das Fleisch zu gelangen, ohne sich zu schneiden, dünsten Sie die *cannolicchi* so lange in etwas Olivenöl und Wasser, bis sie sich öffnen.

Capasante, Conchiglia di San Giacomo, Pettine/ Jakobsmuschel

siehe Seite 45

Capitone/grosser weiblicher Aal

Der *capitone*, ein weiblicher Aal, der sein Höchstgewicht erreicht hat, sollte besonders erwähnt werden. Man ißt ihn traditionsgemäß zu Weihnachten. In Rom und im gesamten Süden gilt er als Delikatesse. Er wird in Stücke geschnitten, in Olivenöl, Knoblauch, Minze und Essig mariniert und auf dem Holzkohlengrill zubereitet. Aale (siehe Seite 28) aus den Comacchio-Tälern an der Po-Mündung sind besonders gut. Wenn die Glasaale die Flußmündung südlich von Venedig erreicht haben, werden sie in künstlichen Seen gefangengehalten, bis sie reif für den Verzehr sind.

Capone, Cappone/Knurrhahn

Dieser sonderbare Fisch mit seinem großen, von knochigen Schuppen umrahmten Kopf und den beiden langen Flossen direkt darunter ähnelt ein wenig der Meerbarbe. Er lebt in unterschiedlichen Tiefen im Sand des Meeresbodens. Es gibt mehrere Arten, kleine, aber auch bis zu 75 cm lange. Das sehr schmackhafte Fleisch ist zart, aber nicht allzu fest. Man kann es in Scheiben schneiden und grillen. Am besten eignet es sich jedoch zum Aromatisieren von Fischsuppen.

Carpa/Karpfen

Dieser Süßwasserfisch liebt stille Gewässer und sitzt gewöhnlich im Schlamm von Flußbetten und Seeböden. Es gibt verschiedene Karpfenarten, die sich vor allem durch die Menge ihrer Schuppen unterscheiden. Sie werden bis zu 1 m lang und ziemlich schwer. In Venedig liebt man Karpfen, vor allem in Semmelbröseln paniert. Man kann ihn auch kochen oder schmoren, am besten mit Sellerie, Zwiebeln und Tomaten.

Cefalo, Muggine/Meeräsche

Wegen seines feinen Geschmacks ist dieser Seefisch in Italien sehr beliebt und wird an allen Küsten gefangen. Da die Meeräsche Flußmündungen liebt, wo sie die besten Futterplätze findet, schmeckt sie oft schlammig. Besser sind daher Fische aus klareren Gewässern. Es gibt viele Arten, darunter der beliebte *volpino*, der in der Paarungszeit reichlich Rogen enthält, den man zu *Bottarga* verarbeitet (siehe dort und Seite 31).

Man ißt die Meeräsche meist gegrillt. Nur die besten Fische werden im Ofen mit etwas Olivenöl, Zitrone und Petersilie gebacken.

Cernia/Seebarsch

Dieser große, ungesellige Fisch lebt in warmen Meeren und kann eine Länge von 1,5 m erreichen. Sein schmackhaftes, festes weißes Fleisch gilt in Italien als Delikatesse. Wegen seiner Größe wird er gewöhnlich mit Harpunen gefischt. Was die Zubereitung betrifft, so wird er meistens in Scheiben geschnitten und gegrillt oder geschmort. Teile dieses Fisches verwendet man für eine Sauce zu Linguine. Das interessanteste Rezept stammt jedoch aus Sardinien, wo man aus seiner Leber eine ausgezeichnete Sauce für die gebratenen Teile kocht.

Coda di Rospo, Rana Pescatrice, Rospo/Seeteufel

Dieser häßliche Fisch wird bei Küchenchefs auf der ganzen Welt immer begehrter. Sein festes, schmackhaftes Schwanzfleisch ist fast völlig grätenlos. Zubereitet ähnelt es dem Hummerfleisch, mit dem es immer wieder verwechselt wird.

Mit seinem breiten Maul kann der Seeteufel ziemlich große Beutestücke packen. Da er fast ständig den Meeresgrund nach Nahrung abgrast, fischt man ihn mit einer biegsamen Angel, die beschwert wird, so daß sie bis auf den Grund reicht. Daher sein zweiter Name: *Anglerfisch*. Der Seeteufel wird ziemlich groß. Im allgemeinen verwendet man jedoch nur den Schwanz. In Italien wirft man den großen, häßlichen Kopf meist fort, in einigen Teilen der Welt verwendet man ihn jedoch zur Herstellung von Fischfond und Gelatine, wofür er sich hervorragend eignet.

Cozza, Mitilo, Musciolo, Muscolo/Miesmuschel

Als eines der häufigsten Schalentiere der Welt, wird die Miesmuschel auch in der italienischen Küche reichlich verwendet, vor allem in Süditalien und in der Lagune von Venedig. Dort heißen die Miesmuscheln *peoci* und sind besonders gut. In den klaren Gewässern bei Chioggia in der Lagune von Venedig gibt es zahlreiche Muschelfarmen, wo die Miesmuscheln an langen, von Holzrahmen herabhängenden Seilen heranwachsen. Die hygienischen Verhältnisse werden sorgfältig überwacht, da die Miesmuschel anfällig für Umweltverschmutzung ist.

Beim Kauf von Muscheln sollte man darauf achten, daß sie fest geschlossen und schwer sind. Nur dann sind sie noch lebendig und frisch. Vor dem Kochen werden sie gründlich unter fließendem kaltem Wasser gewaschen. Seepocken und Bärte kratzt man dabei mit einem scharfen Messer ab. Miesmuscheln, die nach dem Untertauchen in Wasser an die Oberfläche steigen, sollte man wegwerfen, ebenso diejenigen, die sich beim Kochen nicht öffnen.

Früher aß man Miesmuscheln roh wie Austern, heute sollte man sie jedoch angesichts der Umweltverschmutzung unbedingt kochen.

Dattero di Mare/Meerdattel, Bohrmuschel

siehe Seite 49

Dentice/Zahnbrasse

Dieser beliebte Mittelmeerfisch wird bis zu 1 m lang. Sein zartes Fleisch kann auf jede erdenkliche Art zubereitet werden.

In kommerzieller Hinsicht ist dieser Fisch genauso wichtig wie der Seebarsch (*cernia*) und die übrigen Barscharten (siehe *Orata* und *Sarago*), die alle eine Hauptrolle in der italienischen Küche spielen.

Donzella/Lippfisch

Dieser besonders farbenprächtige Mittelmeerfisch wird für Fischsuppen und -eintöpfe verwendet.

Gambero, Gambertto, Gamberone, Mazzancolla/Tiefseegarnele, Garnele, Krabbe

Die zahlreichen Garnelenarten gehören zur selben Familie wie der Hummer. Der Süßwasserkrebs (*gambero d'acqua dolce*) beispielsweise sieht wie eine Miniaturausgabe des Hummers aus und wird von Feinschmeckern fast ebenso geschätzt. Andere Arten wiederum haben zwar keine Scheren, sehen aber mit ihren gepanzerten Körpern und Köpfen ihren größeren Verwandten sehr ähnlich. Auch sie färben sich wie der Hummer beim Kochen rot, ganz gleich, ob ihre natürliche Farbe orange, tiefrot oder graublau ist. Garnelen werden überall gefangen, doch die Mittelmeergarnelen haben ein ungleich feineres Meeresaroma. Es ist heute oft schwierig, frische Garnelen zu bekommen, obwohl sie inzwischen auch auf Farmen gezüchtet werden. Die riesige weltweite Nachfrage hat zur Folge, daß sie von gewaltigen Nordatlantik-Schleppern gefangen und gleich an Bord tiefgefroren werden. Der Unterschied zu frischen Garnelen ist zwar gewaltig, aber die Welt scheint die geringere Qualität der tiefgefrorenen Ware zu akzeptieren. Die kleinsten *gamberetti* werden gewöhnlich mit Mehl bestäubt knusprig ausgebacken und wegen ihrer Zartheit oft gleich mitsamt der Schale verzehrt.

Granchio, Granceola, Grancevola, Granciporro, Granseola/Krebs, Taschenkrebs

Zu dieser Familie gehört eine Vielzahl wohlschmeckender Krustentiere. In Italien ißt man die kleineren Arten, wie den *granchio*, gerne in Suppen. Die größere Art, *granciporro* genannt, die ziemlich schwer wird, liefert eine Menge Fleisch. Das beste Ergebnis erzielt man, wenn man diese großen Krebse wie Hummer lebend kocht. Sie müssen mindestens 20 Minuten kochen und danach 15 Minuten im Kochwasser nachziehen. Meerspinnen (*granseola*, *granceola* oder *grancevola*) werden ähnlich zubereitet. Die beste Qualität kommt aus Venedig, ebenso die besten Rezepte.

Nach dem Kochen öffnet man die Tiere, indem man auf einen Punkt zwischen den Augen drückt, bis sich die Rückenschale wie ein Deckel hebt. Dann entfernt man die Kiemen und holt das Fleisch aus Körper und Scheren sowie den Rogen heraus, vermischt alles und serviert es mit einem Dressing aus Salz, Zitronensaft, Petersilie und Olivenöl. Große Meerspinnen sollte man im ganzen grillen oder kochen und das Fleisch mit einer guten Tomatensauce zu Pasta servieren. Es gibt eine besondere Krebsart, die im venezianischen Dialekt *moleca* heißt und Ähnlichkeit mit der amerikanischen Soft-Shell Crab hat. Es handelt sich um einen männlichen Krebs, den erfahrene Fischer im Frühjahr und Herbst fangen, wenn er seinen alten Panzer abgeworfen hat und der neue noch nicht hart ist. Diesen weichschaligen »nackten« Krebs kann man mit Mehl bestäubt und fritiert im ganzen essen.

Lavarello, Goregone/Blaufelchen, Renke

siehe Seite 25

Lucci/Hecht

Dieser Süßwasserfisch wird bis zu 1,5 m lang und erreicht ein Gewicht von 4–5 kg. Wegen seines festen weißen Fleisches ist er sehr begehrt, vor allem im Piemont, in der Lombardei und in Venetien. Man bereitet ihn traditionsgemäß *in umido* zu, daß heißt geschmort mit Tomaten. Oft wird er auch fein gehackt und zu Pasteten oder Fischfrikadellen verarbeitet.

Meriuzo/Kabeljau, Dorsch

Der Kabeljau mit seinem milden Fleisch wird in Italien selten frisch, sondern meist konserviert gegessen, siehe *Baccalà*.

Murena, Grongo/Muräne, Meeraal

Die Muräne ist der Schrecken aller Taucher, weil sie angreift, wenn sie gestört wird, und ihr Biß nicht nur kräftig, sondern auch giftig ist. Sie ist ein ungeselliger Fisch, lebt in Felshöhlen und erreicht eine Länge von 1,5 m. Die Römer schätzten ihr Fleisch wegen seines Aromas. Früher verwendete man es häufig für gemischte Fischsuppen, wie zum Beispiel *Cacciucco*. Im Gegensatz zur Muräne ist der *grongo* oder Meeraal nicht gefährlich. Er muß jedoch sehr sorgfältig zubereitet werden, weil sein Blut in rohem Zustand stark giftig ist. Erst durch Kochen wird sein Fleisch genießbar. Aus diesem

Grund sollte man Wunden unbedingt abdecken, wenn man einen Meeraal säubert. Sowohl Muräne als auch Meeraal schmecken besonders gut, wenn man sie in Scheiben schneidet und grillt. Vor dem Verzehr müssen sie jedoch völlig durchgegart sein.

NASELLO/Seehecht

In zubereiteter Form wird dieser Fisch oft fälschlich als Kabeljau bezeichnet. Er sieht jedoch überhaupt nicht wie ein Kabeljau aus, obwohl er zur selben Familie gehört. Er wird bis zu 1 m lang; große Exemplare schneidet man zunächst in Koteletts, die man nach unterschiedlichsten Rezepten weiterverarbeiten kann. Das sehr weiche, zarte Fleisch des Seehechts wird in ganz Italien geschätzt und je nach Region auf verschiedene Art zubereitet.

NERO DI SEPPIA, NERO DI CALAMARO/Tintenfisch-Tinte, Kalmar-Tinte

Die im Vergleich zu der des Kalmars (siehe *Calamaro*) mildere Tinte des Tintenfischs (siehe *Seppia*) befindet sich in einem Beutel im Körper des Tiers und wird vor allem für die Zubereitung von Saucen und Risotti verwendet. Man benutzt sie aber auch bei der Herstellung von Pasta, um den Teig schwarz zu färben und ihm ein charakteristisches Fischaroma zu verleihen. Man gewinnt die Tinte aus dem Beutel eines frischen, im ganzen gekauften Tintenfischs, kann sie aber auch separat in kleinen Kissen bekommen.

ORATA, MARMORA, MORMORA/Meerbrasse

Trotz der Unterschiede in Farbe, Konsistenz, Geschmack und Aussehen sind alle Mittelmeerbrassen verwandt. Sowohl *mormora* oder *marmora* (Marmorbrasse) als auch *pagello* oder *pagro* (Meerbrasse) sind in Italien sehr beliebt. Am besten schmeckt wahrscheinlich die Goldbrasse (*orata*), die die Franzosen *daurade* nennen. Die beste Zubereitungsart ist das Backen im Ofen.

OSTRICA/Auster

Es ist schon seltsam, daß diese Meeresfrucht, die bereits die Römer so sehr liebten, daß sie die ersten Austernbänke anlegten, heute für eine französische Spezialität gehalten wird. In Wirklichkeit aber bezogen die Franzosen ihr Wissen um die Anlage von Austernbänken aus Italien, nachdem ihre eigenen natürlichen Austerngründe erschöpft waren. Sie entwickelten die Austernzucht zu einem so bedeutenden Wirtschaftszweig, daß heute Frankreich die Hygienerichtlinien und andere Regeln für die Austernzucht diktiert. In Italien ist traditionell die sogenannte *Runde* oder *Belon-Auster* am beliebtesten. Sie wird heute noch in der Adria um Apulien herum, vor allem in der Stadt Tarent, gezüchtet. Zu den wenigen Austernarten, die es gibt, zählt *ostrica piatta*, die, wie die runde Belon, meist roh mit ein paar Tropfen Zitronensaft gegessen wird. Die Auster ist leicht verdaulich, und es ist ganz normal, als Vorspeise ein ganzes Dutzend zu essen. Ich erinnere mich, einmal 126 kleine Austern verzehrt zu haben, aber danach konnte ich natürlich weder die übrigen drei Gänge noch den Nachtisch essen, und die sprichwörtliche Wirkung nach dem Verzehr machte sich nur allzu deutlich bemerkbar. Rohe Austern sollte man nur dann essen, wenn die Schalen fest geschlossen sind, was beweist, daß die Austern noch leben.

PALOMBO/Hai

Wegen der schlechten Qualität seines Fleisches wird der in der Adria lebende Hai in der italienischen Küche nur selten verwendet. Früher pflegte man ihn in Scheiben zu schneiden und zu grillen oder wie Thunfisch zu schmoren. Gelegentlich wird Hai auf den Märkten Venedigs auch unter der Bezeichnung *vitello di mare* (Seekalb) angeboten.

PESCE AZZURRO/Blaufisch

Obwohl sie verschiedenen Familien angehören, werden Fischarten wie Anchovis, Sardine, Makrele, Hering, Bonito (Blaufisch), Thun- oder Schwertfisch in Italien nach der Farbe ihrer Haut eingeordnet. Alle sind Salzwasserfische und haben ein öliges

Fleisch. Sie lassen sich verhältnismäßig einfach zubereiten.

Pesce Persico/Flussbarsch

Der Flußbarsch ist einer der begehrtesten Süßwasserfische und kann eine Länge von 45 cm erreichen. In den Flüssen und Seen Norditaliens fühlt er sich besonders wohl. Er wird meist filetiert angeboten, weil er wegen seines sehr zarten Fleisches und seiner zahlreichen Rückenflossen und Gräten schwer vorzubereiten ist.

Pesce San Pietro/Petersfisch, Heringskönig

Die Legende erzählt, daß Sankt Petrus diesen Fisch einst mit den Händen aus dem Wasser hob und dabei seine Fingerabdrücke auf der Haut hinterließ. Er war sehr besorgt wegen einer Steuerzahlung, fand jedoch den fehlenden Betrag im Maul des Fisches. So erhielt der Fisch seinen Namen, und man fand gleichzeitig eine Erklärung für die schwarzen Flecken zu beiden Seiten seines Körpers.

Das Fleisch des Petersfischs wird wegen seiner Zartheit, Festigkeit und des guten Geschmacks sehr geschätzt, ist aber besonders teuer, weil nach dem Filetieren nur 30 bis 35 Prozent des Gesamtgewichts übrig bleiben. Das bedeutet, daß man für vier Personen einen großen Fisch von mindestens 2 kg benötigt. Bei Küchenchefs auf der ganzen Welt ist der Petersfisch jedoch sehr beliebt.

Pesce Spada/Schwertfisch

siehe Seite 17

Polpo, Moscardino/Krake, Seepolyp

siehe Seite 42

Razza, Arzilla/Rochen

Der Rochen hat insofern Ähnlichkeit mit Seeteufel und Petersfisch, als nur ein Teil seines Körpers eßbar ist. In seinem Fall sind es die Brustflossen. Der Rochen ist völlig platt und lebt auf dem Meeresboden, wo er im Sand perfekt getarnt ist. Rochenflossen werden enthäutet verkauft, zusammen mit dem stabilisierenden Knorpel.

Rochen wird auf unterschiedliche Art serviert: in Fischragouts oder -suppen, gekocht mit Butter oder einer Holländischen Sauce, gegrillt oder in geschlagenem Ei und Semmelbröseln gewendet und fritiert. Ganz gleich, wie er zubereitet wird, er schmeckt köstlich. Ich empfehle ihn sehr, vorausgesetzt, der Knorpel stört Sie nicht.

Riccio di Mare/Seeigel

Feriengästen am Mittelmeer passiert manchmal das Unglück, auf einen Seeigel zu treten, dessen dünne Stacheln genau dort abbrechen, wo sie in die Haut eingedrungen sind, und ein schmerzhaftes Gift absondern. Seeigel kommen an der ganzen italienischen Küste vor, am häufigsten jedoch in Apulien, Kalabrien, Sizilien und Sardinien, wo das Wasser besonders sauber ist. Sie werden aber nicht nur von den Küstenbewohnern verzehrt, sondern in die Städte ganz Italiens versandt.

Es gibt verschiedene Seeigelarten, deren Rogen meist eßbar ist. Er wird im Frühjahr und zeitigen Herbst reif. Zwei Arten sind besonders wohlschmeckend: die eine besitzt violette bis dunkelgrüne Stacheln, die andere kürzere violette Stacheln mit einer weißen Spitze. Um an den Rogen dieses köstlichen Meerestieres zu gelangen, schneidet man die untere Hälfte, wo sich die Mundöffnung befindet, mit einer Schere oder einem Spezialwerkzeug ab und säubert das Innere von den schwarzen Unreinheiten. Den sternförmigen Rogen läßt man ganz und ißt ihn einfach mit einem Löffel oder leckt ihn, wie ich es am liebsten mache, mit der Zungenspitze heraus. Der süßsalzige Geschmack des Rogens ist so köstlich, daß er kein Beiwerk braucht.

Rombo/Steinbutt, Glattbutt

Diese beiden Fische, die meist auf dem Meeresboden leben, gehören zur Familie der Plattfische. Wegen ihres reinweißen, festen, wohlschmeckenden Fleisches sind sie sehr begehrt.

Die beiden in Italien erhältlichen Arten sind der Steinbutt (*rombo chiodato*), der 1 m lang werden kann und an seiner dunkelgrauen, mit kleinen, knochigen Höckern bedeckten Haut kenntlich ist, und der Glattbutt (*rombo liscio*), dessen Haut blasser und glatter und dessen Körper nicht ganz so langgestreckt ist.

Beide werden meist filetiert und entweder pochiert und mit Olivenöl und Zitronensaft angemacht oder in Tomatensauce geschmort.

SALMONE/LACHS

Die Italiener haben den Lachs erst in den letzten Jahren entdeckt, wahrscheinlich weil er durch kommerzielle Züchtung erst vor kurzem auch in Italien erschwinglich wurde. Bis dahin kannte man ihn dort meist nur geräuchert. Obwohl er in Italien nicht heimisch ist, reißen sich Gastronomen und Privatverbraucher um diesen wundervollen Fisch. Meist wird er gegrillt oder pochiert. Oft verwendet man das zerkleinerte Fleisch auch für sahnige Pastasaucen.

SARAGO, SARGO/WEISSE BRASSE

Die Italiener fangen diesen beliebten Mittelmeerfisch das ganze Jahr hindurch. Er wird entweder gegrillt mit Zitronensaft und Olivenöl serviert oder gebacken. Die beste Art ist *Diplodus sargus*, der eine Länge von 40 cm und ein Gewicht von 2 kg erreicht. Die Weiße Brasse liebt felsige Meeresböden mit dichter Vegetation.

SARDE, SARDINA, SARDELLA/SARDINE

siehe Seite 23

SCAMPO/KAISERGRANAT

Der *scampo* ähnelt einem kleinen Hummer und ist ein sehr naher Verwandter der Languste. Er wird hauptsächlich in der Adria an der Ostküste Italiens gefischt. Daher stammen viele Rezepte für Scampi aus der Gegend um Venedig. Der Kaisergranat ist ein köstliches Krustentier mit sehr süßem, zartem Fleisch, das meiner Meinung nach sogar noch besser schmeckt als Hummer. Frisch gefangen, gekocht und nur mit gutem Olivenöl und Zitronensaft angemacht, schmeckt er besonders köstlich. Viele *Tiefseehummer*, wie der Kaisergranat auch oft genannt wird, die aus der Nordsee tiefgefroren nach Italien kommen, haben ihren Geschmack völlig verloren. Scampi werden in Fischsuppen gegeben, gegrillt oder gekocht für Salate verwendet.

SCORFANO/DRACHENKOPF

Der Drachenkopf hat giftige Stacheln, die unangenehme Verletzungen verursachen können. Er lebt auf felsigen Meeresböden. Seine Farbenskala reicht von einem rötlichen Braun bis Schwarz. Drachenköpfe sehen furchteinflößend aus und werden ausgesprochen unangenehm, wenn sie sich bedroht fühlen. Trotz ihrer Häßlichkeit haben sie einen ausgezeichneten Geschmack und sind sehr begehrt für *Cacciucco*, eine wunderbare Fischsuppe (siehe Seite 34).

Für solche Fischsuppen nimmt man am besten die kleineren Exemplare. Die größeren, die 1 kg und mehr wiegen können, schmecken besonders köstlich, wenn man sie dämpft oder pochiert und dazu eine frische Mayonnaise reicht.

SEPPIA, SEPPIETTA/SEPIA, TINTENFISCH

siehe Seite 46

SGOMBRO/MAKRELE

Die Makrele ist einer der häufigsten Fische auf der Welt und eine enge Verwandte des Thunfischs. Wegen ihrer typischen blauen, schwarzgestreiften Haut zählt sie zu den *Pesci azzurri*, den Blaufischen. Ihr fetthaltiges Fleisch ist sehr fest, verdirbt aber rasch, so daß man sie unbedingt ganz frisch verzehren sollte.

Weil die Makrele so billig ist und ihr Öl so gesund, gehört sie in Italien zu den meistgegessenen Fischen. Für ihre Zubereitung gibt es viele Rezepte. Am besten schmeckt sie jedoch frisch aus dem Meer einfach auf Holzkohlenglut gegrillt. Oft schmort man die Makrelen auch in einer frischen Tomatensauce.

SOGLIOLA/SEEZUNGE

Immer wenn Italiener mein Restaurant in London besuchen, sind sie beeindruckt von der Schmackhaftigkeit unserer Seezungen. Das liegt wahrscheinlich daran, daß sie glauben, italienische Seezungen seien die besten der Welt. Ich muß zugeben, daß das italienische Gericht *Gritto misto* (gemischter fritierter Fisch), wenn ein paar frisch gefangene Garnelen und *sogliolette* (kleine Seezungen) dabei sind, zu den ganz großen kulinarischen Genüssen zählt. Seezungen kommen an der ganzen italienischen Küste einschließlich der Inseln vor. Es gibt viele Arten, die man leicht von anderen Fischen unterscheiden kann, weil sie völlig platt sind und beide Augen auf der Oberseite tragen, die der rechten Seite entspricht. Sie leben auf dem sandigen Meeresgrund und sind so gut getarnt, daß man sie kaum sehen kann. Sie werden kommerziell gefischt und die Bestände dabei so stark ausgebeutet, daß sie ernsthaft gefährdet sind.

Seezungen schmecken immer köstlich, ganz gleich, ob man sie grillt, auf Müllerin-Art brät oder in Filets zerlegt in einem Fond pochiert.

Uova di Pesce, Latte di Pesce/Fischrogen, Fischmilch

Rogen und Milch verschiedener Fische sind echte Delikatessen, die man nur bei den besten Fischhändlern bekommt. Sie finden sich in weiblichen und männlichen Tieren, sobald diese geschlechtsreif werden. Besonders begehrt ist gesalzener Heringsrogen, den man vor allem für Salate verwendet. Frischer Heringsrogen hat dieselbe Konsistenz wie Hirn und muß eingeweicht und gründlich gereinigt werden, bevor man ihn in Semmelbröseln wendet und brät. Karpfen- und Makrelenrogen schmeckt sehr gut, am köstlichsten ist jedoch Seebarschrogen. Meeräschen- und Thunfischrogen werden, besonders in Sizilien und Sardinien, zu *bottarga* verarbeitet (siehe dort).

Die ungewöhnlichste Meerestiermilch wird in Venedig gegessen. Sie stammt vom Tintenfisch, heißt *latte di seppia* und wird einfach gekocht und mit Zitronensaft und Salz serviert. Am besten probiert man sie im Restaurant *La Madonna* an der Rialtobrücke.

Storione/Stör

Der Stör ist ein großer Fisch, der besonders im Schwarzen und Kaspischen Meer häufig vorkommt und einst auch im Po in Italien lebte. Infolge der Umweltverschmutzung gibt es ihn hier jedoch nicht mehr. Man schätzt den Stör wegen seiner Eier, die man als Kaviar (*caviale*) kennt, und seines fettigen, aber sehr leckeren Fleisches. In Sizilien werden Störe gezüchtet und mild geräuchert. Der größte Stör ist der *Beluga* (Europäischer Hausen), der in Rußland beheimatet ist. Er erreicht eine Länge von 8 m und ein Gewicht von 1 Tonne. Stellen Sie sich einmal vor, wieviel Kaviar er produziert! Das Fleisch der kleineren, etwa 3 kg schweren Störe wird gegrillt, gebraten, gebacken und gedämpft und mit verschiedenen Saucen serviert.

Tartufi di Mare/Meer-Trüffel

siehe Seite 49

Tinca/Schleie

Dieser kleine, mit dem Karpfen verwandte Süßwasserfisch lebt in Teichen und Flüssen. Wie viele andere Süßwasserfische schmeckt er gelegentlich schlammig, es sei denn, er stammt aus klaren Gewässern. Aus diesem Grund zählt er heute nicht gerade zu den beliebtesten Speisefischen. Meist wird er gebacken, gebraten oder *in carpione* eingelegt (siehe Seite 22).

Tonno/Thunfisch

siehe Seite 31

Triglia/Seebarbe

siehe Seite 38

Trota/Forelle

Die Forelle ist wahrscheinlich der bekannteste und am häufigsten vorkommende Süßwasserfisch Italiens, dessen zahlreiche Seen und Flüsse ihr den schönsten Lebensraum bieten. Die Nachfrage nach Forellen übersteigt jedoch das Angebot, sie werden daher so intensiv gezüchtet, daß man fast keine wilden Forellen mehr kaufen kann. Eine von Züchtern bevorzugte Art heißt *fario*, eine andere ist die Regenbogen-Forelle. Beide haben wunderbar festes Fleisch, das sie den hervorragenden Lebensbedingungen in den Zuchtbetrieben verdanken. Die Forelle ist in italienischen Restaurants ebenso beliebt wie in Privathaushalten. Im Norden wird dieser herrliche Fisch traditionsgemäß besonders gern zubereitet. Kleinere Forellen, *trotelle* genannt, brät man einfach in Butter, alle anderen Arten werden gegrillt, *al cartoccio* (in der Papiertüte) gebacken, *in carpione* eingelegt (siehe Seite 22) oder, wie es beson-ders in Umbrien üblich ist, als *Trota al tartufo* mit Trüffeln serviert.

VENTRESCA DI TONNO/ THUNFISCHBAUCH

Der Bauch ist der saftigste Teil des Thunfischs (siehe dort und Seite 31). Man pflegt ihn mit Anchovis in Dosen einzumachen. Sein Fett- und Gallertgehalt machen ihn so zart. Weil er als Konserve so beliebt ist, kostet er meist mehr als andere Teile des Thunfischs. Aus frischer *Ventresca* bereitet man, wie aus anderen Teilen des Fischs, die verschiedensten Spezialitäten, insbesondere Antipasti, zu.

VONGOLA/VENUSMUSCHEL

Venusmuscheln in Ligurien und der Toskana auch *arselle* genannt, sind kleine Weichtiere, aus denen eine beliebte Sauce für Spaghetti und Linguine zubereitet wird. Man schätzt sie in ganz Italien, vor allem in Neapel, entlang der Küste um Amalfi und an der Adria, wo man den sandigen Meeresboden mit besonderen Fanggeräten nach ihnen durch-kämmt.

Es gibt zwei Hauptarten, die *gialla* und die größere *vongola verace*. Letztere ist wegen ihres besseren Geschmacks sehr begehrt und wird gelegentlich roh verzehrt wie eine Auster, während man die Sorte *tellina* besonders gern für Suppen verwendet.

Venusmuscheln schmecken auch als Hauptgericht ausgezeichnet. Geben Sie ein wenig gutes Olivenöl, Knoblauch, Petersilie und einen Hauch Chili in einen Topf mit etwas Wasser. Bei starker Hitze zum Kochen bringen und die Muscheln hinzufügen. Den Topf bedecken und die Muscheln 5 bis 6 Minuten dünsten, bis sie sich öffnen. Ich esse sie gern direkt aus der Schale mit einem Stück knusprigen Brot, um die köstliche Brühe aufzutunken.

Alphabetisches Rezeptregister

Italienisches Rezeptverzeichnis

Deutsches Rezeptverzeichnis

Die Rezepte/Ratschläge in diesem Buch sind von Autor und Verlag sorgfältig geprüft; dennoch kann eine Garantie nicht übernommen werden. Eine Haftung des Autors bzw. des Verlags und seiner Beauftragten für Personen-, Sach- und Vermögensschäden ist ausgeschlossen.

Abkürzungen und Erklärungen

EL = Eßlöffel
TL = Teelöffel
l = Liter
g = Gramm
kg = Kilogramm

Titel der englischen Originalausgabe:
The Carluccio's Collection – Fish & Shellfish
Ins Deutsche übertragen von Lexa Katrin Gräfin von Nostiz, Ursula Wulfekamp (Rezepte) und Monika Mai (Einleitung)
Die Originalausgabe erschien 1999 im Verlag Quadrille Publishing Ltd., London
Dieser Band ist Teil der bereits erschienenen englischen Originalausgabe:
Carluccio's Complete Italian Food

Redaktion der deutschen Ausgabe: Monika Mai, München
Foodstyling: Priscilla Carluccio
Farbreproduktionen: Colour Scans, Singapur
Satz: GRAMMA GMBH, München
Druck und Bindung: Dai Nippon Printing Co.
Printed in Hongkong

ISBN 3-453-15902-0